Das alles kannst Du selber machen:

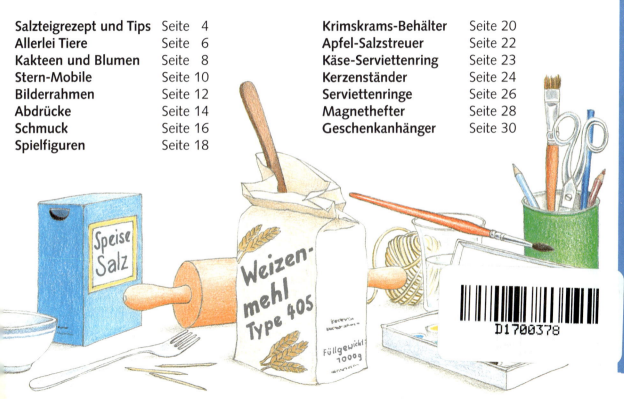

Speise Salz

Weizen-mehl Type 405

Füllgewicht 1000g

D1700378

MATERIAL
- **2 Teile weißes Mehl**
- **1 Teil Salz**
- **1/2 Teil Wasser**

Die Zutaten vermischst du in einer Schüssel und knetest sie, bis ein geschmeidiger Teig entsteht. Ist er zu weich, nimmst du mehr Mehl, ist er zu bröckelig, brauchst du noch etwas Wasser.

Werkzeuge

Außer mit den Händen kannst du den Salzteig mit Holzstäbchen, Messer, Gabel, Knoblauch-presse, Nudelholz und anderen Haushaltsgegen-ständen bearbeiten. Probiere es aus!

Gerüste

Um zu verhindern, daß dir größere Formen wieder zusammenfallen, baust du ein Gerüst. Dazu eignen sich kleine Deckel, Draht, Zahn-stocher, Schaschlikspieße usw. Den Teig drückst du einfach um das Gerüst herum fest.

Teile anfügen und ausbessern

Füge einer kleinen Menge Salzteig so viel Wasser bei, bis ein weicher Brei entsteht. Diesen kannst du als Klebstoff verwenden, um Teile anzufügen oder abgebrochene Teile auszubessern.

Lackieren

Lackierst du deine Modelle nach dem Trocknen und Bemalen zum Beispiel mit Acryllack, werden sie haltbarer und unempfindlicher.

Austrocknen

Die fertigen Modelle stellst du auf einem Teller oder Brett auf die Heizung oder in die Sonne. Wenn du sie ab und zu wendest, trocknen sie schneller.

Nicht in den Backofen stellen! Die Hitze macht den Salzteig braun und rissig und kann ihn verformen.

Färben und Bemalen

Salzteig kannst du mit Lebensmittelfarben einfärben oder die trockenen Modelle mit Wasserfarben bemalen.

Abschleifen

Mit Schmirgelpapier kannst du überflüssige Stellen wegschmirgeln und Oberflächen glätten.

Aufbewahrung

Wenn du Teig übrig hast, kannst du ihn in einem verschlossenen Gefäß, zum Beispiel einem Marmeladenglas, im Kühlschrank aufbewahren.

MATERIAL
- **Zahnstocher**
- **Draht**
- **Walnußschalen**
- **Schneckenhäuser**

Ob wilde, zahme oder frei erfundene, ob zum Spielen oder nur zum Anschauen – eine tolle Überraschung werden deine selbstgebastelten Tiere auf jeden Fall. Bindest du ihnen noch eine Schleife um den Hals?

Für die Schildkröten und Schnecken drückst du erst ein wenig Teig in die Walnußhälften und Schneckenhäuser und formst die Körper dann fertig.

Die größeren Tiere brauchen zuerst ein Gerüst, das verhindert, daß die einzelnen Körperteile abbrechen. Am besten baust du es aus Zahnstochern und Draht.

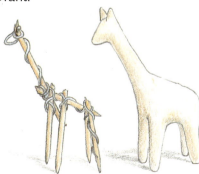

MATERIAL
- Kleine Blumentöpfe oder Deckel
- dünner Draht
- Holzspieße, Zahnstocher
- rosa Seidenpapier
- Stecknadeln

Pflanzen machen immer Freude, vor allem, wenn man sie nicht gießen muß!

Für den Kaktus drückst du ein Stück Salzteig in einen Blumentopf oder Deckel und steckst einen Holzpieß oder Draht als Gerüst hinein. Da herum formst du den Kaktus.
Wenn du ihn noch mit abgebrochenen Zahnstochern spickst, wird er richtig stachelig.

Oder soll dein Kaktus vielleicht blühen? Dann schneide aus Papier verschiedene Blüten aus und befestige sie mit Stecknadeln.

Bei Blumen dient ein Stück Draht als Stengel. Um die Teigblüten befestigen zu können, biegst du den Draht oben zu einer Schlaufe. Für die Blüten formst du entweder einzelne Blütenblätter und drückst sie rund um den Draht aneinander, oder du stichst verschieden große Scheiben aus und legst sie übereinander.

Draht von oben durch die Blume und die Pappe. Die Drahtschlaufe versteckst du in einer kleinen Kugel Salzteig.

Eine große Blüte formst du flach liegend und legst sie auf ein Stück Pappe, in das du ein kleines Loch gebohrt hast. Nun steckst du den

MATERIAL
- Nudelholz
- Streichhölzer
- stabiler Bindfaden
- verschiedene Stöckchen
- Sternform

Stern-Mobile

Für ein Mobile mit sechs Sternen schneidest du sechs Bindfadenstücke von je etwa 30 cm Länge. An die Enden knotest du jeweils ein 1–2 cm langes Stück Streichholz.

Nun rollst du den Salzteig auf einer bemehlten Fläche gleichmäßig etwa 1 cm dick aus. Lege ein Streichholzstück mit Bindfaden so an den Teigrand, daß beim Zusammenklappen des Teiges das Streichholz darin verschwindet und der Faden heraushängt.

Rolle nochmals mit dem Nudelholz darüber. Wenn du jetzt die Sternform genau über dem Hölzchen (Stelle merken!) ausstichst, hast du den Stern schon mit Aufhänger.
Die Sterne bindest du an die Holzstöckchen und balancierst sie so aus, daß sie genügend Platz haben, um sich drehen zu können.

Eine besonders hübsche Idee: Denk dir eine Sterne-Mond-Geschichte aus, die dann das „Einwickelpapier" für dein Geschenk ist.

MATERIAL
- **Nudelholz**
- **Messer**
- **Gabel**

Zuerst rollst du den Teig auf einer mit Mehl bestreuten Arbeitsfläche aus. Dann kannst du einen Kreis, ein Rechteck oder eine andere Form ausschneiden. Sie sollte ungefähr 2 cm größer sein als das Foto oder das Bild, das du später in den Rahmen klebst.

Wetten, daß ein Foto oder Bild von dir, so schön eingerahmt, immer toll ankommt!

Den Rand verzierst du, indem du entweder mit einer Gabel Rillen hineindrückst oder ausgestochene Kreise und Quadrate daraufdrückst.

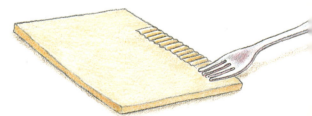

Bilderrahmen

Du kannst auch einen Rahmen ausschneiden und auf die Form legen.

Wichtig ist, daß du den Rahmen flach liegend trocknen läßt. Wenn er angetrocknet ist, wendest du ihn und bohrst auf der Rückseite noch ein Loch zum Aufhängen hinein.

Vielleicht möchtest du den Rahmen nach dem Trocknen noch schön bemalen? Wenn die Farbe trocken ist, kannst du das Foto mit Alleskleber befestigen.

MATERIAL

- **Perlen, Knöpfe, Münzen**
- **Büroklammer, Sieb**
- **Gabel, Schrauben**
- **Ringe usw.**

Für den Abdruck deiner Hände nimmst du als Arbeitsfläche ein mit Mehl bestreutes Brett, auf dem die Abdruckplatte auch trocknen kann. Den Teig rollst du ungefähr 3 cm dick aus und drückst deine Hände fest hinein, fertig! Sehr schön sehen die Abdrücke aus, wenn du sie nach dem Trocknen mit bunten Farben bemalst.

Zum Abdrücken eignet sich fast alles, sogar deine Hände. Später sind das sehr schöne Erinnerungen.

Zuerst rollst du den Salzteig aus, aber nicht zu dünn, damit er nicht bricht. Und dann fängst du einfach an mit dem Eindrücken.

Übrigens: Durch Eindrücken von Gegenständen kannst du auch andere Modelle, wie zum Beispiel Bilderrahmen und Schmuck, verzieren.

MATERIAL
- **Stricknadel, Draht**
- **Klebstoff**
- **Anstecker für eine Brosche**
- **Haarspange**

Auf eine Stricknadel oder einen Holzspieß gesteckt, kannst du die Perlen wunderbar anmalen und lackieren.

Deine selbstgebastelten Schmuckstücke sind alle etwas ganz Besonderes – weil man sie nämlich nirgends zu kaufen bekommt.

Perlen kannst du aus Kugeln und Scheiben machen, die du mit einer Stricknadel durchbohrst. Die Kugeln rollst du in den Handflächen, die Scheiben schneidest du von einer Salzteigwurst.

In einen **Anhänger** bettest du ein Stück Draht, den du zu einer Schlaufe gebogen hast.

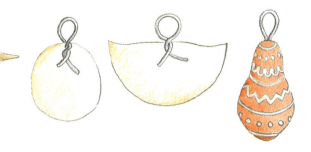

Eine **Brosche** formst du so, daß die Unterseite ganz flach ist. Im Bastelladen erhältst du den Anstecker, den du nach dem Trocknen auf die Unterseite klebst.

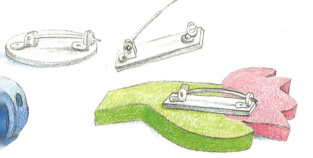

Aus einer einfachen Zopfspange wird ein ganz besonderer **Haarschmuck**, wenn du Salzteig an die Spange drückst und ihn in die gewünschte Form bringst. Ist der Teig trocken, nimmst du ihn von der Spange ab, bemalst und lackierst ihn und klebst ihn mit starkem Klebstoff wieder an.

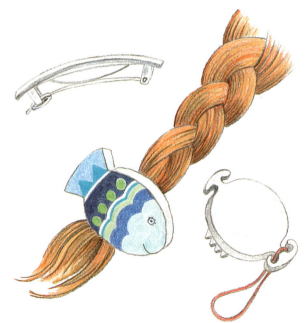

Schmuck

MATERIAL
- Karton, Papier
- Klebstoff

Die Spielfiguren, zusammen mit einer schön geschrieben Spielanleitung und einem selbstbemalten Spielplan, sind ein originelles Geschenk für liebe Freunde.

Am einfachsten kannst du Dame- und Mühlesteine herstellen: Von einer Salzteigwurst schneidest du so viele Spielsteine, wie du brauchst. Die dunklen Steine färbst du entweder ein, oder du bemalst sie nach dem Trocknen. Den Spielplan malst du auf Papier, das du zur Verstärkung auf ein Stück Karton klebst.

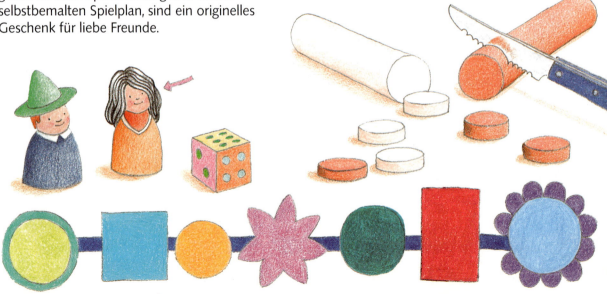

MATERIAL
- **Filmdose oder eine andere Dose**
- **Holzstäbchen**

Aus einem einfachen Becher oder einer Dose kannst du einen lustigen Behälter für Stifte, Zahnstocher oder allerlei Krimskrams basteln.

Für den Zahnstocherhalter (Foto S. 27) nimmst du einen Klumpen Salzteig als Grundfläche. In diesen drückst du eine Filmdose. Die Figur formst du extra und läßt sie etwas antrocknen. Dann klebst du sie an die Grundfläche und verankerst sie zusätzlich mit einem Holzstäbchen, damit sie nicht abbrechen kann.

Vielleicht läßt du ein paar kleine Monster die Dose hinaufklettern. Du formst die Figuren und drückst sie einfach an die Dose. Dort läßt du sie, bis sie trocken sind. Dann löst du sie vorsichtig ab, bemalst sie und klebst sie wieder an.

MATERIAL
- **Leere Filmdose**
- **Strohhalm aus Kunststoff**
- **Schere**
- **Acryllack**

Dann formst du aus Salzteig den Apfel so um die Dose, daß oben der Strohhalm als Apfelstiel herausguckt und unten der Dosendeckel noch zu öffnen ist.

Dieser Apfel sorgt bestimmt für Verwirrung bei Tisch: Er ist nicht der Nachtisch, sondern ein Salzstreuer!

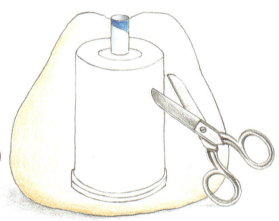

Bohre zuerst mit der Schere ein kleines Loch in die Unterseite einer Filmdose. In dieses Loch steckst du ein Stück Strohhalm, wie du es auf der Zeichnung siehst.

Jetzt brauchst du einige Tage Geduld, bis der Apfel getrocknet ist und angemalt werden kann. Damit er auch hält, lackierst du ihn zum Schluß noch mit Acryllack.

MATERIAL
- **Kochlöffel**
- **langes Messer**

Ein dekoratives Geschenk, das überhaupt nicht stinkt, auch wenn es so aussieht. Da werden die Gäste staunen …
Du schneidest ein dickes Stück Salzteig so lange zurecht, bis es wie ein Stück Käse aussieht. Die kleineren Käselöcher bohrst du mit dem Finger oder einem Kochlöffelstiel hinein. Das große Loch für die Serviette schneidest du mit einem langen Messer heraus.

Käse-Serviettenring

MATERIAL
- Kleine Kuchenform
- Öl
- Deckel einer Limonadenflasche
- Holzstäbchen

Ein Kuchen für das Geburtstagskind? Lieber nicht, der wäre ganz schön salzig. Aber als Kerzenständer macht er sich doch toll, oder?

Reibe eine kleine Kuchenform mit Öl ein und fülle so viel Salzteig hinein, bis die Form ganz voll ist. Den Teig drückst du fest an und stürzt ihn dann auf einen Teller.

Wenn der Teig getrocknet ist, kannst du den Kuchen bemalen. Besonders echt und lecker sieht es aus, wenn du dick angerührte Wasserfarbe für einen rosa Zuckerguß oder für einen braunen Schokoladenguß nimmst. Zuletzt befestigst du eine schöne Kerze mit ein paar Wachstropfen in der Mitte des Kuchens.

Etwas aufwendiger ist der Kerzenständer mit Figur. Zuerst formst du als Grundfläche einen kleinen Hügel aus Salzteig, in den du einen Limonadenflaschen-Deckel mit der Öffnung nach oben eindrückst. Davor setzt du die Figur. Damit sie nicht abbricht, verankerst du sie am besten mit einem Holzstäbchen und klebst sie an.

Serviettenringe

MATERIAL
- Nudelholz
- Draht

Schön und praktisch zugleich sind diese Serviettenringe. Willst du sie noch bunt anmalen oder gar eine lustige Figur anfügen?

Die beiden Enden rollst du mit dem Nudelholz ein wenig flach. Befeuchte ein Ende mit Wasser, lege es über das andere Ende und verstreiche die Nahtstelle.

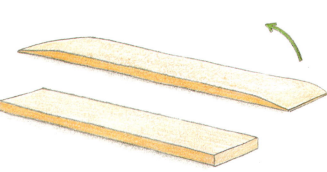

Um einen Ring zu formen, rollst du zuerst den Salzteig auf einer bemehlten Arbeitsfläche aus, bis er ungefähr 1 cm dick ist. Dann schneidest du ein Rechteck von ca. 4 x 17 cm aus.

Für einen Ring mit Figur verankerst du ein Stück Draht im Teig. Wenn der Ring getrocknet ist, kannst du in einem zweiten Arbeitsgang eine Figur um den Draht formen.

MATERIAL
- ■ **Magnete**
- ■ **mittelfeines Schmirgelpapier**
- ■ **Ausstechform**

Für vergeßliche Leute das ideale Geschenk:
Mit diesen lustigen Magnetheftern können sie
sich überall Merkzettel aufhängen.
(Die Magnete dafür bekommst du im Schreib-
warengeschäft.)

Um ein Stück Schokolade zu formen, eignet sich
ein rechteckiger Magnet. Du legst ihn auf eine
bemehlte Arbeitsfläche und drückst fest einen
Klumpen Salzteig darüber. Dann schneidest du
mit einem Messer in geraden Schnitten so viel
Salzteig rundherum weg, bis es wie ein Riegel
Schokolade aussieht.

Für Plätzchen, Brötchen, Orangen- oder Bana-
nenscheiben nimmst du einen runden Magneten.

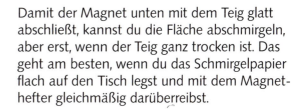

Damit der Magnet unten mit dem Teig glatt abschließt, kannst du die Fläche abschmirgeln, aber erst, wenn der Teig ganz trocken ist. Das geht am besten, wenn du das Schmirgelpapier flach auf den Tisch legst und mit dem Magnethefter gleichmäßig darüberreibst.

Zur Verzierung weiße Bohnen in den Salzteig drücken

Das Brötchen formst du mit der Hand und schneidest mit einem Messer Kerben ein. Für ein Plätzchen drückst du den Teig fest über den Magneten und rollst ihn mit dem Nudelholz flach. Dann legst du die Ausstechform genau darüber und stichst das Plätzchen aus.

Magnethefter

Geschenkanhänger

MATERIAL
- Feste Kordel oder ein Stück Kette
- Draht

Möchtest du einem Geschenk einen lieben Gruß beifügen? Einen Glücksbringer oder Schlüsselanhänger verschenken? Hier einige Vorschläge.

Je nach Größe und Form des Anhängers reicht ein einfaches Stück Draht als Schlaufe. Du kannst auch eine kleine Kette an einem Drahtgerüst befestigen, um das du den Salzteig dann formst.